Pooja Marske

Pooja

Pooja Marske

Pooja
Das Elefantenmädchen

Droemer

Das Elefantenmädchen

Ich heiße Pooja. Das ist ein indischer Name – ausgesprochen wird er »Puudscha«. Hier in Indien sagen die Menschen, Pooja sei ein guter Name, weil er heilig ist. »Pooja« bedeutet Verehrung, Anbetung der Götter.

Einen Teil des Jahres lebe ich in Deutschland; die Wintermonate verbringe ich mit meinen Eltern in Indien. Vielen Menschen wird das sicher ungewöhnlich erscheinen. Mir nicht, denn ich wurde auf einer Reise nach Indien geboren.

Meine Lieblingstiere sind die Elefanten. Ich erinnere mich noch genau an unsere erste Begegnung. Seitdem sind wir Freunde – die Elefanten und ich.

Wo die Elefanten Urlaub machen

Wir wohnen im Süden Indiens, wo sich auch der Mudumalai-Nationalpark befindet. Hier leben Elefanten in freier Wildbahn. Seit einigen Wochen verbringen auch über 60 Tempelelefanten ihren Urlaub im Nationalpark. Zunächst wusste ich nicht, was Tempelelefanten sind, und ich habe mich gefragt, warum sie überhaupt Urlaub brauchen. Aber das hat mir Subbu alles erklärt.

Subbu ist Fährtenleser. Er kennt sogar die geheimsten Rückzugsgebiete der wilden Tiere, denn er wurde selbst im Dschungel geboren. Subbu liebt die Elefanten ebenso sehr wie ich, deshalb sind wir auch Freunde geworden. Wenn er erzählt, weiß ich, dass die Dinge ihren richtigen Platz haben.

»Die Wahrheit hat viele Gesichter«, sagt Subbu, und ich habe erst viel später verstanden, was er damit meint. Alles, was ich über den Dschungel weiß, habe ich von ihm erfahren. Er hat mir erklärt, dass die Elefanten die größten auf dem Land lebenden Tiere sind.

»Listen, Pooja«, sagt Subbu immer, wenn es wichtig ist. Das ist Englisch und bedeutet »Hör zu, Pooja«. »Elefanten sind in Indien heilige Tiere, denn sie gelten als Verkörperung des Elefantengottes Ganesha. Er ist unter den Göttern ganz besonders beliebt, weil er Glück bringt. Die Menschen verehren Ganesha und hoffen, dass er ihnen alle Hindernisse aus dem Weg räumt. Deshalb gibt es in vielen Tempeln auch Elefanten.«

»Und warum brauchen Tempelelefanten Urlaub?«

»Das Leben der Elefanten in den Tempeln ist nicht artgerecht. Sie haben viel zu wenig Bewegung, und oft werden sie auch falsch ernährt. Einmal im Jahr dürfen sie mit ihren Mahouts im Dschungel Urlaub machen«, erklärt mir Subbu. »Jeder Tempelelefant hat seinen eigenen Mahout – einen Mann, der sich sein ganzes Leben lang um ihn kümmert.«

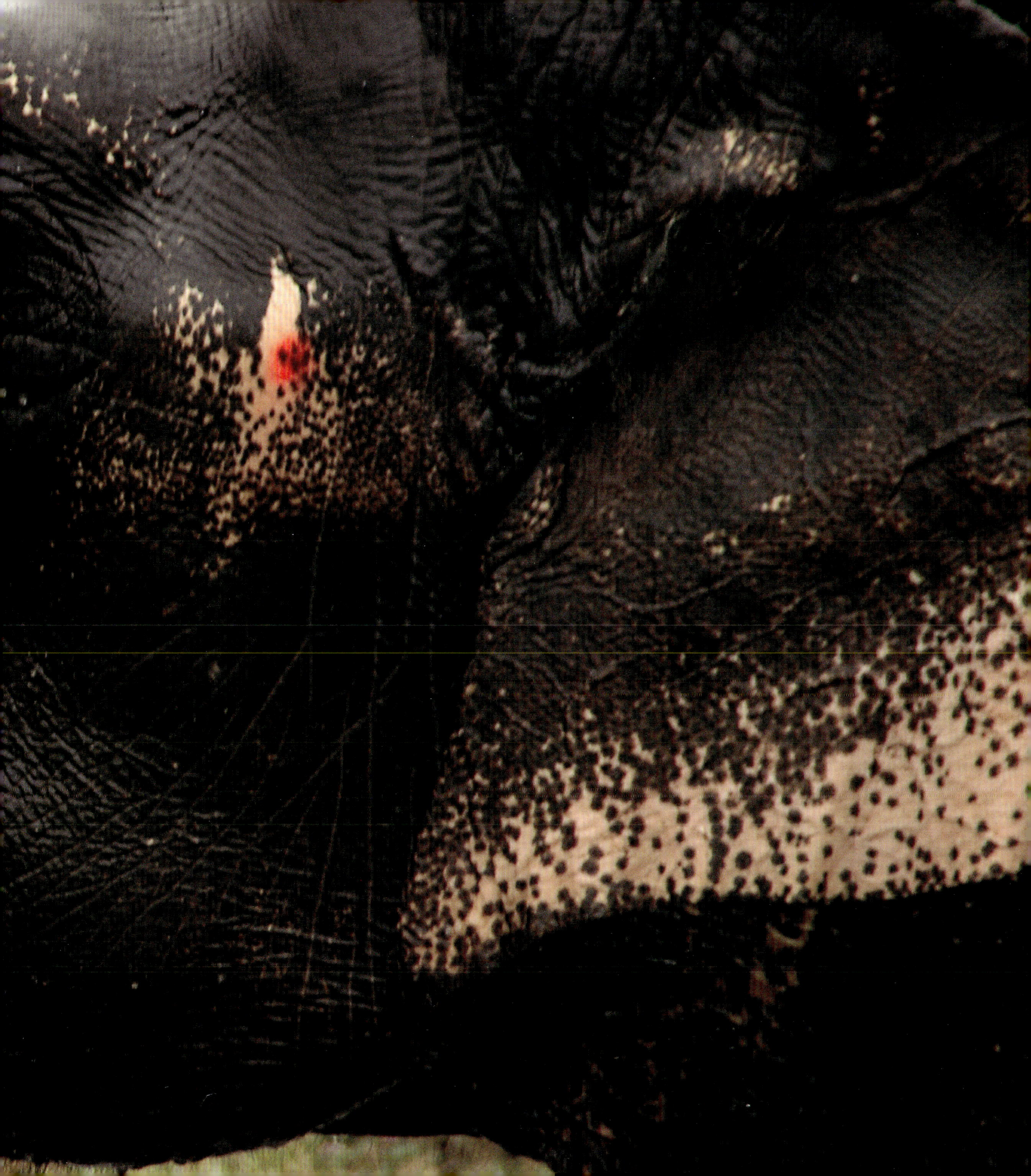

Morgenbad im Fluss

Jeden Morgen bin ich am Fluss, wenn die Mahouts die Elefanten ins Wasser führen. Subbu und ich sitzen auf einem kleinen Felsen im Fluss; von dort aus können wir alles genau beobachten. Bald sind wir von planschenden Elefanten umgeben, und es kommen immer mehr. Plötzlich gibt es Gedrängel wie auf einem überfüllten Bahnhof. Einige Elefanten gehen, andere kommen, und riesige Füße stapfen ganz nah an mir vorbei.

Etwas mulmig ist mir anfangs schon. Einige Elefanten bewegen sich ziemlich unsicher auf den unebenen Wegen, andere haben sogar Angst vor dem Wasser. Auch das kann mir Subbu erklären: »Listen, Pooja, viele Tempel liegen mitten in der Stadt. Diese Elefanten sind es nicht gewohnt, in ein Flussbett hinabzusteigen, und einige haben sogar noch nie gebadet. In der freien Natur hingegen sind Elefanten sehr sichere Kletterer. Wenn es ihnen zu steil wird, brechen sie sich sogar einen starken Ast ab und nehmen ihn mit dem Rüssel als Spazierstock zu Hilfe.«

Darüber muss ich ganz schön lachen – ein Elefant mit Spazierstock. Das habe ich ja noch nie gehört. Und das Sprichwort *Wie ein Elefant im Porzellanladen* stimmt einfach nicht, denn sie sind sehr geschickte Tiere.

Die meisten Elefanten haben großen Spaß, im Wasser zu planschen. Wie Staubsauger ziehen sie ihren langen Rüssel voll Wasser. Ich kann es kaum glauben: Da passen bis zu zehn Liter rein, so viel wie in einen großen Wassereimer. Als sie mit ihrer Elefantendusche beginnen, spritzen sie sich die volle Ladung über den Kopf, die nächste an die Seiten, dann unter den Bauch und vergessen – oh, wie vorbildlich! – auch Mund und Ohren nicht. In der Morgensonne glitzern die Tropfen wie ein Feuerregen, und ich bleibe auf meinem Felsen auch nicht ganz trocken.

Meine Freundin Shanti

Mein Lieblingselefant ist Shanti, eine immerhin schon 49-jährige Elefantendame. Als ich einmal auf ihr sitzen darf, macht sie großen Quatsch. Plötzlich, ohne mich vorher zu warnen, schleudert sie ihren Rüssel nach hinten und trompetet eine volle Wasserladung auf mich. Shanti hat mich so nass gespritzt, dass ich mir fest die Augen reiben muss, um wieder sehen zu können. Ganz schön frech für ihr Alter, finde ich, denn schließlich ist Shanti noch älter als meine Eltern.

An diesem Tag kann ich mir – dank Shanti – das Duschen sparen, und ihre Mahouts, Jambu und Arjun, haben mich zur Versöhnung zum Frühstück eingeladen. Es gibt *chai* und *idlis,* das sind Tee und Reisbälle. Shanti hat einen großen Eimer mit Reis aus der Elefantenküche bekommen. Ich helfe dabei, sie zu füttern. Ganz schön mutig, wenn man weiß, dass sie mit ihren Zähnen sogar Kokosnüsse knacken kann.

Ich staune, als ich höre, dass ein Elefant in seinem Leben sechsmal neue Zähne bekommt. Wenn er alt ist und den letzten Zahn abgenutzt hat, kann der Elefant nur noch ganz weiche Nahrung zu sich nehmen. Um möglichst weiches Futter zu finden, ziehen sich die wilden Elefanten dann oft an die gleichen Plätze zurück, in feuchte, sumpfige Gebiete, die ihnen noch Nahrung bieten und in denen sie schließlich auch sterben. »So ist der Mythos der Elefantenfriedhöfe, wo sich die alten Elefanten zum Sterben treffen, entstanden«, verrät mir Arjun, der jüngere der beiden Mahouts.

Als ich mein Frühstück bekomme, sitze ich zu Shantis Füßen auf einer Decke, und unsere wunderbare Freundschaft beginnt. Zum Nachtisch gibt es Schoki-Kekse. Das hat Shanti mit ihrer Schnuppernase gleich gerochen. Sie ist eine richtige Naschkatze und bettelt mit den treuesten Augen, die ich je gesehen habe.

Woher weiß Shanti, wo ich kitzelig bin?

Shanti betatscht mich immer wieder mit ihrem Rüssel, um mich näher kennen zu lernen. Der Rüssel ist die Verlängerung der Nase und sieht aus wie eine riesige Schlange. Ich staune, wie beweglich sie mich beschnuppern kann. Immer wieder kommt sie mit dem Tastfinger an ihrer samtigen Rüsselspitze an, berührt mich am Hals und krabbelt damit unter mein T-Shirt. Ich bin ja so kitzelig! Um ihr auszuweichen, rolle ich mich dabei über den Boden. Woher Shanti wohl weiß, wo ich empfindlich bin? Mama sagt, sie hätte ihr nichts verraten.

Meine Eltern sind ein bisschen in Sorge, denn ein Elefant könnte mich leicht mit einem Griff packen und in Sekundenschnelle durch die Luft schleudern. Aber das würde sie nie tun, denn Shanti mag mich. Sie ist ja meine Freundin.

Wer hat den saubersten Elefanten?

Die Elefanten werden von ihren Mahouts jeden Tag gründlich gewaschen. Das machen sie mit so viel Hingabe, dass Subbu vermutet, es gäbe einen Preis für den saubersten Elefanten.

Ich darf mithelfen, die Tiere zu schrubben – am liebsten Shanti, die freche Tante. Ihre faltige Haut mit den vielen Haaren fühlt sich an wie ein Radiergummi mit Borsten. Für ihre beiden Mahouts gehört Shanti zur Familie, denn die Brüder sind mit ihr aufgewachsen und haben sie schließlich von ihrem Vater übernommen. Jambu und Arjun flüstern ihr Kommandos ins Ohr, und schon lässt sie ihren riesigen Körper ins Flussbett gleiten. Jambu, der ältere, hält ihr den schweren Kopf, damit Shanti sich nicht verletzt wie vor 20 Jahren, als sie durch einen Ast im Flussbett auf dem rechten Auge erblindete.

Einige Mahouts geben ihre Anweisungen nur mit Worten, andere benutzen Stöcke und den *ankus,* einen Eisenhaken, mit dem sie die Elefanten schlagen und pieken, bis sie machen, was von ihnen verlangt wird. Ihr empörtes Trompeten werde ich nie vergessen. Und wie wild sie vor Angst hin und her trampeln. Das macht mich sehr traurig. Ich sehe, wie auch Subbu mit den Elefanten fühlt, denn er hat Tränen in den Augen.

Subbu liebt die Elefanten genauso wie ich, und er ist deshalb sehr wütend auf viele Mahouts. »Nun weißt du, woran man einen schlechten Mahout erkennt. Ein guter Mahout lebt in einer ganz engen Freundschaft mit seinem Elefanten, der die Kommandos nur zu hören braucht. Elefanten sind sehr intelligente und empfindsame Tiere. Auch wenn sie eine dicke Haut haben – bis zu zweieinhalb Zentimeter dick –; hinter den Ohren, an den Augen, an der Brust und unter den Achseln ist sie jedoch so dünn wie Papier. Überall hat der Elefant so viele Nerven, dass er sogar eine Fliege bemerkt, die auf ihm landet. Einen Elefanten zu schlagen ist ganz besonders schlimm.«

Vijayan, der verrückte Kerl

Subbu weiß einfach alles über Elefanten.

»Listen, Pooja, Elefanten können von Geburt an schwimmen. Das tun sie mit allen vier Beinen gleichzeitig, und sie halten dabei den Kopf halb unter Wasser. Ihren Rüssel benutzen sie als Schnorchel zum Luftholen. Vor allem die Babyelefanten lieben es zu schwimmen.«

Das kann ich bei Vijayan sehen, einem erst 15 Monate alten Elefantenjungen. Ein verrückter Kerl! Der taucht immer so wild und lange durchs Wasser, dass ich froh bin, hin und wieder mal seinen kleinen Rüssel zu sehen.

Wenn Vijayan mit seinem behaarten kleinen Körper wieder auftaucht, lässt er sich seitlich noch mal ins Wasser plumpsen und spritzt uns alle nass. Er ist jetzt schon ein richtig guter Schwimmer. Und ich musste für mein Seepferdchen-Abzeichen so lange üben. Ungerecht finde ich das!

… das Schminken nicht vergessen

Nach dem Bad werden die Elefanten mit Kreide geschminkt – schließlich sind es ja Tempelelefanten. Dabei darf ich wieder mithelfen, denn ich kann schon gut malen.

Shanti beschnuppert mich beim Schminken immer wieder mit ihrem Rüssel. Ach, und ich bin doch so furchtbar kitzelig.

»Lass das, Shanti!«, rufe ich. Aber sie hat natürlich kein bisschen gehört. Shanti ist wirklich der vorlauteste Elefant, den ich kennen gelernt habe.

Subbu findet das Bemalen der Elefanten richtig blöd – völlig unnatürlich eben. Es gibt noch so vieles, was ich über die Elefanten erfahren möchte. Deshalb frage ich Subbu: »Was ist denn das Allerwichtigste für einen Elefanten?«

Subbu schaut mich ernst an, bevor er antwortet, und dann sagt er: »Freiheit.«

Danach nimmt er mich an die Hand und sagt: »Komm, ich zeig dir, wo die Elefanten in Freiheit leben.«

Wie Mogli im Dschungel

Bei unserem Aufbruch in den Dschungel bin ich sehr aufgeregt. Subbu und ich schleichen auf leisen Sohlen. Ein bisschen fühle ich mich wie Mogli, der mit seinem Freund Baghira, dem Panther, durch den Dschungel streift. Aber ich konnte keine rote Hose anziehen wie Mogli, denn im Dschungel trägt man dunkle Kleidung, damit die Tiere einen nicht gleich sehen. Ich darf nur flüstern, um sie nicht zu verscheuchen, und bleibe zur Sicherheit ganz nah bei Subbu.

»Wir müssen sehr vorsichtig sein, Pooja. Elefanten sind für uns Menschen die gefährlichsten Tiere im Dschungel.«

»Ja, aber ist der Tiger denn nicht viel gefährlicher?«

Subbu schmunzelt. »Nein, der Tiger meidet die Menschen. Wenn die Elefanten jedoch unsere Witterung aufnehmen, besteht die Gefahr, dass sie uns angreifen.«

Es ist nicht einfach, Tiere in freier Wildbahn zu beobachten. Sie können ja hingehen, wo sie wollen. Doch Subbu kennt ihre Pfade; er weiß, wo die Wasserstellen sind, und kann ihre Spuren lesen. Er ist eben ein richtiger Fährtenleser, der die Elefanten hört und sogar riechen kann.

Subbu schnuppert: »Sie waren gestern hier.« Dann zeigt er auf den Boden. Und richtig – kreisförmig abgezupftes Gras. Wenn man weiß, dass Elefanten die Büschel mit dem Rüssel packen und im »Handumdrehen« abrupfen, ist es puppenleicht zu erkennen. Und da! Frische Elefantenknödel – groß wie Handbälle und noch ganz warm.

»Es sind mehrere, eine Gruppe«, flüstert Subbu. Leise schleichen wir weiter, und dann können wir sie sehen – wilde Elefanten! Zum ersten Mal sehe ich Elefanten in Freiheit: Mama-Elefant, ihr Kleines und noch zwei Kühe, die Tanten genannt werden.

Plötzlich bleibt das Muttertier ganz still stehen; es stellt die Ohren nach außen, hebt den Rüssel und starrt zu uns herüber.

»Sie können uns nicht sehen, denn Elefanten haben kein gutes Sehvermögen«, murmelt Subbu, »aber sie haben uns gehört und gerochen. Komm, lass uns schnell gehen.« Als wir in Sicherheit sind, grinsen wir uns an, Subbu und ich. So groß ist die Freude.

Ich habe ja so viele Fragen, und Subbu erklärt: »Listen, Pooja, eine schwangere Elefantenkuh trägt ihr Baby ungefähr 22 Monate aus. Das ist mehr als zweimal so lange, wie du im Bauch deiner Mutter warst. Es ist die längste Tragezeit bei den Landsäugetieren.«

Wir schleichen weiter. Bald erspähen wir einen riesigen Elefantenbullen, der allein durch den Dschungel streift. Diesmal haben wir

Glück. Der Wind kommt aus der Gegenrichtung, und nun können wir ganz nah rangehen, ohne dass er uns bemerkt. Ich sehe seine riesigen Stoßzähne und wie er sich vorne aufbäumt, um mit dem Rüssel einen dicken Ast von einem Baum abzubrechen.

Doch dann passiert es! Ich setze nur einen Fuß nach vorn, und ein Zweiglein knackt. Es ist nur ein sehr leises Geräusch, doch der Elefant hat es wahrgenommen. Er stellt die Ohren auf, hebt seinen Rüssel und scharrt wild mit den Vorderfüßen. Subbu gibt mir sofort ein Zeichen. Eilig schleichen wir durchs Dickicht davon.

»Hast du die riesigen Stoßzähne gesehen, Pooja? Die nennt man auf Englisch *Tusks.* Bei uns Menschen sind das die Schneidezähne. Mit ihnen kann der Elefant graben, Bäume entrinden, Äste abbrechen und kämpfen. Er bevorzugt immer einen bestimmten Stoßzahn, den *Master Tusk* – ähnlich wie wir Menschen, die entweder Links- oder Rechtshänder sind.«

»Subbu, ist dieser Elefant mit den Stoßzähnen denn besonders gefährlich?«

»Ja, die Tusk-Elefanten können sehr gefährlich werden. Aber dieser Bursche lebt hier auch nicht in Sicherheit. Seine Stoßzähne sind als Elfenbein sehr wertvoll. Immer wieder töten Menschen einen Elefanten, nur um das Elfenbein zu bekommen. Deshalb gibt es in Indien immer weniger Elefantenbullen. Wir haben zu wenig männliche Elefanten, damit ausreichend Babys gezeugt werden können.«

Diese stolzen Tiere in Freiheit zu sehen, ohne Ketten, Stöcke und Eisenhaken, das hat mich ganz froh gemacht.

»Subbu, können wir Shanti und den anderen Tempelelefanten nicht die Freiheit schenken?«

»Nein, Pooja, das geht leider nicht. Wenn Elefanten erst einmal gezähmt sind, kann man sie nicht mehr auswildern. An ihnen hängt der menschliche Geruch. Wir können ihnen das Leben nur so artgerecht wie möglich gestalten.«

Mein Traum geht in Erfüllung

Subbu hat eine Überraschung für mich: Ich darf auf der Elefantenkuh Bhama reiten. Früher war Bhama ein Arbeitselefant und musste Baumstämme schleppen. Heute lebt sie im Nationalpark und verbringt die meiste Zeit mit Futtersuche im Dschungel. Mani, ihr Mahout, ist immer bei ihr.

Ich sitze vor Mani, der gar keine Zügel in der Hand hält, wie ich es vom Ponyreiten her kenne. Woher weiß Bhama eigentlich, wohin sie gehen soll? Mit der Zeit erkenne ich dann Manis Reitkünste: Er zeigt Bhama mit den Zehen, die er hinter ihre großen Ohren hält, welche Richtung sie einschlagen soll. Wenn Mani ein bisschen gegen Bhamas rechtes Ohr drückt, wendet sie sich nach links; setzt er den linken Fuß ein, geht sie nach rechts. Bhamas dicke Nackenborsten pieksen durch meine Hose. Aber das ist mir völlig egal, so glücklich bin ich.

Bhama geht mit schaukelnden Bewegungen durch das Dickicht des Dschungels. Wie ein Schiff die Fluten teilt, schiebt sie alle Büsche und Schlingpflanzen zur Seite. Und ich bemerke wieder, dass Subbu Recht hat: Einen Stock braucht Mani für Bhama nicht. Einen Elefanten kann man mit viel Liebe und Geduld führen.

Nach diesem wunderbaren Ausritt in die Wildnis gibt Subbu mir noch etwas mit auf den Weg: »*Listen,* Pooja, die Elefanten sind vom Aussterben bedroht. Um sie zu retten, müssen wir ihren Lebensraum erhalten und dafür sorgen, dass sie nicht wegen des Elfenbeins getötet werden.«

»Und was kann ich dafür tun, Subbu?«

»Sei gut zur Natur und erzähle all deinen Freunden, was du über Elefanten gelernt hast. Lade sie ein, Elefanten im Nationalpark zu beobachten – dort, wo sie zu Hause sind und wir Menschen nur zu Besuch.«

Ein Altenheim für Elefanten

Es gibt keinen Zufall, hat Arjun mir einmal gesagt, und daran muss ich denken, als ich einen verletzten Straßenhund rette. Unsere Hilfe für den Streuner führt mich zu Mister Nigel, den alle in Mudumalai nur Doktor Nigel nennen, weil er den Tieren hilft. Ähnlich wie Subbu klärt er mich über die traurigen Seiten im Leben der gezähmten Elefanten auf: »Wenn du alles über Elefanten erfahren willst, musst du auch die andere Seite verstehen. Dass ein Elefant so gut wie deine Shanti behandelt wird, ist sehr selten. Heute halten die Menschen diese Tiere vor allem, um Geld zu verdienen. Private Besitzer vermieten Elefanten für die Ausrichtung religiöser Feste, für Hochzeiten oder Geschäftseröffnungen. Tempel steigern mit ihren lebenden Ganeshas die Besucherzahlen und damit ihre Einkünfte. Den Tieren aber mangelt es oft schon am Notwendigsten. Sie werden geknechtet und misshandelt. Die Lebensbedingungen der Zirkuselefanten sind noch schlimmer. Wenn du magst, zeige ich dir morgen einen Zirkuselefanten, der gerettet und in die Freiheit entlassen wurde.«

Am nächsten Tag fahren wir mit Doktor Nigel zu Rani. Vor sieben Jahren war Ranis gesundheitlicher Zustand so kritisch, dass sie von einer Tierschützerin befreit wurde. Das Problem bei so einer Rettung ist, dass es keinen Platz für die befreiten Tiere gibt. Der Versuch, sie auszuwildern, ist misslungen, da Rani es nicht gelernt hat, sich ihr Futter selbst zu suchen. Zudem wird sie immer wieder von wilden Elefantenbullen attackiert und verletzt. Die Elefantenkuh schließt sich keiner Herde an und kehrt jeden Abend zu ihren Mahouts zurück.

Wir gehen einen kleinen Trampelpfad entlang durch das Dickicht bis an den Fluss. Rani ist gerade fertig mit dem Baden. Bei ihr sind zwei Elefantenkinder, ein Waisenkind und eines, das man von

seiner Mutter, einem Arbeitselefanten, getrennt hat. Doktor Nigel warnt mich, nicht zu nahe heranzugehen. Mit Ranis Neugier hat er allerdings nicht gerechnet. Die Elefantenkuh kommt auf mich zu und inspiziert mich interessiert mit ihrem Rüssel. Die beiden Kinder folgen, und so stehe ich kurze Zeit später mitten unter ihnen. Ich spüre ihre raue Haut an meinem nackten Oberkörper. Alles ist ruhig und vertraut, obwohl wir uns gerade erst kennen gelernt haben.

Schließlich fällt mein Blick auf Ranis Beine und Füße. »Die sehen aber komisch aus«, sage ich, und Doktor Nigel erklärt: »Ranis Zehennägel sind verwachsen, weil sie in der Manege auf Podesten stehen sollte. Man stelle sich vor, wie dieser damals übergewichtige, sechs Tonnen schwere Elefant sein Gewicht ausbalancieren musste. Ihre Beine sind auch aus diesem Grund so krumm.«

Doktor Nigel schont mich nicht und erzählt mir seine Ansicht über das Schicksal der Elefanten in Indien: »Solange es den Hinduismus gibt, wird es auch Tempelelefanten geben – aber bitte so wenige wie möglich. Vor allem sollte die private Haltung verboten werden. Das wäre der entscheidende Schritt, denn der größte Teil, immerhin rund 2500 Elefanten, befindet sich in Privatbesitz. Zirkusse dürften ebenfalls keine Elefanten halten, und für jeden aus der Gefangenschaft geretteten Elefanten sollte eine individuelle Lösung geschaffen werden.«

Doktor Nigel träumt von Altenheimen für Elefanten, von Schutzgebieten, in denen alte, kranke und misshandelte Elefanten aufgenommen würden; von einem Park, in dem sie unter Aufsicht, aber doch frei in Herden umherschweifen könnten. Die Tiere, die jünger als zehn Jahre sind, könnte man versuchsweise auswildern. Der Rest würde es allein nicht schaffen.

Ich bin verwirrt. Dass es den meisten gefangenen Elefanten so schlecht geht, habe ich nicht gewusst.

Ich darf schon alleine reiten

Zurück im Elefantencamp erkenne ich jetzt Dinge, die mir vorher gar nicht so aufgefallen sind. Einige Tiere sehen ziemlich krank aus. Mir gefällt gar nicht, dass die Elefanten die meiste Zeit angekettet sind. Ich wundere mich, wie man Götter an Ketten legen kann.

Die Dickhäuter dürfen auch kaum Kontakt untereinander haben; dabei sind Elefanten doch Herdentiere. Die Mahouts verhindern dies, um sie besser kontrollieren zu können, denn auch gezähmte Elefanten können sehr gefährlich werden. Jedes Jahr sterben Mahouts, weil sie schlecht zu ihren Elefanten gewesen sind und sich diese an ihnen rächen.

Je liebevoller die Tiere behandelt werden, umso friedlicher sind die grauen Riesen. Das spüre ich inzwischen ganz genau.

Suma wird von ihrem Mahout mit viel Liebe umsorgt. Auf ihr darf ich sogar schon alleine reiten. Ich bin ganz stolz, dass ihr Mahout solches Vertrauen zu mir hat. Suma darf ich auch mit dem Stock führen. Das eine Ende des Stabs halte ich in der Hand, während die Elefantenkuh die andere Seite mit dem Rüssel greift. Das mache ich so gut, dass ich sogar zwei Elefanten auf einmal leiten darf. Suma und ihre Freundin Kasturi trotten so gemütlich hinter mir her, dass sie mich an große Hunde erinnern. Doch ich weiß: Ich muss die ganze Zeit gut aufpassen, denn die Elefanten können leicht in Panik geraten und über mich hinwegtrampeln.

Ich erinnere mich an eine Situation, als eine Affenbande so wild über einem Elefanten in den Baumkronen herumgetollt ist, dass sich ein abgestorbener Ast gelöst hat und neben ihm auf den Boden geknallt ist. Der Elefant hat sich mächtig erschrocken, ist hin und her getrampelt, hat ängstlich gefaucht und vor Empörung immer wieder mit dem Rüsselende auf den Boden geschlagen. Das ist vielleicht ein Geräusch, ganz laut und hohl, und ich habe mich schnell in Sicherheit gebracht.

Schule mit Shanti

Heute will ich Shanti beim Morgenbad überraschen. Ich habe für sie ein Paket mit ihrer Lieblingsleckerei mitgebracht – neun Kilo frische Tomaten. Doch eigentlich kann man für Elefanten keine Überraschung verpacken, denn sie haben einen sehr feinen Geruchssinn. Shanti muss schon die ganze Zeit beim Baden gewusst haben, dass in dem Paket am Ufer ihre Tomaten sind. Als wir an ihrem Platz im Camp sind, ist ihre Geduld wirklich am Ende. Mit dem Rüssel hakt sie unter die rote Schleife und schnappt sich ihr Geschenk. Nachdem sie alle Tomaten verspeist hat, spielt sie mit der Schleife, wirbelt das rote Stoffband durch die Luft und wickelt es um ihren Rüssel.

Mittags wird Shanti immer müde. Dann gähnt sie, stößt ein lautes Hauchen aus und döst schließlich mit dem Kopf auf den Rüssel gestützt vor sich hin. Das ist die Zeit, in der ich meine Schulaufgaben mache, denn sonst werden meine Lehrerinnen sauer. Papa übt mit mir Rechnen bis 20. Damit mir der Unterricht mehr Spaß macht, denkt er sich Aufgaben aus, bei denen ich noch etwas über Elefanten lernen kann.

Wir rechnen zum Beispiel, wie viele Zehennägel ein Elefant hat. Vorne sind es jeweils fünf und hinten zwei mal vier; das macht zusammen 18. Arjun hat mir dann einen Elefanten gezeigt, der 21 Zehennägel hat. Das ist sehr selten und gilt in Indien als ganz besonderes Glückssymbol. Früher durften auf ihnen nur die Fürsten, die Maharadschas, reiten.

Am letzten Tag findet im Elefantencamp noch ein Fest statt. Alle Elefanten werden herrlich geschmückt, und auch ich habe mich fein gemacht. Zur Feier des Tages trage ich einen echten indischen Sari. Trotz der festlichen Stimmung ist jedoch die Anspannung bei allen zu spüren, denn am folgenden Tag werden die Elefanten auf Lastwagen verladen und fahren wieder zurück in ihre Tempel.

Können Elefanten weinen?

Shantis sonst so weicher und beweglicher Rüssel ist steinhart, ihre kleinen Augen sind weit aufgerissen und tränen. Können Elefanten weinen? Ich glaube, sie können es.

Es ist vier Uhr morgens und noch dunkel. Ich füttere Shanti mit Tomaten, um sie abzulenken. Völlig mechanisch klemmt sie ihre Lieblingsfrüchte mit dem Tastfinger in die Rüsselspitze, führt sie ins Maul und beobachtet dabei genau, was direkt vor uns im grellen Scheinwerferlicht geschieht. Dort stehen drei Lastwagen mit geöffneten Heckklappen an einer Rampe. Ein grauer Riese ist bereits verladen worden; er wird mit Ketten gesichert und mit Seilen verzurrt. Dann folgt eine Elefantenkuh, doch es gibt Probleme. Immer wieder versucht sie, einen Schritt vorzusetzen. Ihre Mahouts geben laute Kommandos, treiben sie mit Stöcken und schieben, doch sie zieht ihren Fuß wieder von der Ladefläche. Bei fast jedem Versuch faucht sie wie eine Riesenkatze, die sich bedroht fühlt. Wie Elefanten klingen, wenn sie Angst haben.

»Ruhig, Shanti«, flüstere ich »meinem« Elefanten zu. Plötzlich ist es so weit. Shanti soll auf den dritten Lastwagen. Ihre Beine werden paarweise in Ketten gelegt. Schnuppernd streckt sie den Rüssel vor und versucht zu ertasten, was sich vor ihr befindet. Shanti zögert. Was soll sie tun? Letztlich bleibt ihr keine Wahl. Sie vertraut den Menschen, die sie fast ihr ganzes Leben schon kennt und denen auch nicht wohl dabei ist, was sie ihrem Elefanten antun. Ich vernehme das Rasseln der Ketten. Shanti tippelt vor. Du bist ja so mutig, denke ich stolz.

Auf der Ladefläche befindet sich ein Holzgestell, in das der Elefant genau hineinpasst. Ungefähr auf Oberschenkelhöhe sind die inneren Verstrebungen angebracht, die in Kurven und beim Bremsen Halt geben sollen. Shantis Kopf wird mit dicken Tauen fixiert. Oh, arme Shanti!

சாந்தி

Götter auf Reisen

An diesem Tag werden 63 Elefanten für die Rückreise zu ihren Tempeln verladen. Ein großer Konvoi setzt sich in Bewegung. Wer es gesehen hat, weiß: »Heute gehen Götter auf Reisen.«

Die Ganeshas bestimmen das Bild auf den Straßen; der Anblick dieser wunderbaren Tiere ist göttlich und ihrer unwürdig zugleich. Shanti hat Glück. Menschen, die sie lieben, kümmern sich während der Fahrt um ihr Wohl und versuchen, die Anstrengung zu mildern – ihre beiden Mahouts, zwei Helfer und ich.

Ich sitze hinter Shanti direkt zu ihren Füßen, mit dem Rücken an die Verladeklappe gelehnt. Die schweren Eisenketten an ihren Beinen sehen furchtbar aus. Weiter vorne sehe ich ihren Rüssel unruhig hin und her schwanken; fahrig zerkleinert sie das Zuckerrohr zu ihren Füßen und isst es dann doch nicht.

Plötzlich ergießt sich eine riesige Wasserladung vor mir und versickert nur teilweise in dem dafür vorgesehenen Sand. Shanti macht Pipi. Gerade noch rechtzeitig kann ich mit meinen Füßen einen kleinen Damm zusammenschieben – Sandkasten-Erfahrung!

Die Strecke führt über eine Bergkette auf 2500 Meter Höhe. Die vielen Kurven sind für Shanti kaum auszugleichen. Die Holzstangen, die durch Kokosnussstricke miteinander verbunden sind, knarren unter ihrem Gewicht wie die Planken eines Schiffs. Je weiter die Fahrt über die Berge geht, umso kälter wird es und umso dünner wird die Luft. »Shanti verträgt das Höhenklima nicht«, weiß Arjun. Das Zuckerrohr würde ihr Kraft geben, doch sie verweigert es, und immer wieder fallen ihr die Augen zu. Shanti darf aber nicht einschlafen, denn sie könnte in einer Kurve stürzen, ihre Mahouts unter sich erdrücken und den Lastwagen zum Kippen bringen.

Wir erreichen die Wolkengrenze, es fängt an zu regnen. »Shanti liebt Regen!«, rufe ich, doch Arjun antwortet lakonisch: »Aber nicht

சாந்தி

M.S.TRANSPORT
M.S.T
PUBLIC CARRIER
30
சாந்தி
ASHOK LEYLAND
TCM
949

im Lastwagen.« Das unaufhörliche Motorengeräusch, das Rumpeln auf den schlechten Straßen betäubt die Sinne. Nur während der Teepausen herrscht Stille. Erst jetzt kann ich Shanti von außen ein paar Worte zuflüstern und ihr eine Orange geben. Obwohl sie eigentlich nichts isst, die Orange nimmt sie doch.

»Wenn wir die Tiefebene erreicht haben, ist für Shanti das Schlimmste vorbei«, sagt Arjun. Immer denkt er zuerst an seinen Elefanten. Ich bin stolz darauf, so einen Freund zu haben.

Wir fahren weiter. Die Elefantenköpfe überragen die Lastwagen um ein gutes Stück, und immer wieder strecken die Tiere ihre Rüssel noch etwas höher. Oft streift Shanti mit ihrem Kopf die über die Straße reichenden Äste der Bäume. In einer Kurve kracht plötzlich ein armdicker Ast zwischen mir und dem einen Helfer auf die Ladefläche. Warum nur müssen die Elefanten diese Anstrengungen über sich ergehen lassen?

Kurz vor Sonnenuntergang erreichen wir das Flachland. Hier trennt sich der Konvoi; die Lastwagen fahren nun in unterschiedliche Richtungen. Shanti fährt nach Trichy, der heiligen Stadt am Cauvery River, wo sie im Tempel zu Hause ist. Für mich heißt es nach zwölf Stunden Fahrt Abschied nehmen – fast vergessen, ich bin ja noch ein Kind.

Ein letztes Mal reicht mich Arjun von außen am Lastwagen zu Shanti hinauf, die, wie immer, wenn sie mich spürt, den Rüssel herausstreckt. Eine letzte Orange habe ich für diesen Moment aufgespart. Ich streichle ihren Rüssel und klammere mich an ihm fest. »Oh, Shanti, wir sehen uns bald wieder. In ein paar Tagen besuche ich dich in deinem Tempel«, kann ich ihr noch versprechen. Dann fährt meine Freundin weiter.

Die Geräusche und Bilder dieser Fahrt habe ich noch lange im Kopf. Es war das Anstrengendste, was ich in meinem Leben gemacht habe, aber um Shanti zu trösten, würde ich es immer wieder tun.

-நிர்வாகிகள்

Bei Shanti zu Hause

Die Riksha rumpelt durch indisches Verkehrschaos. Es ist heiß und stickig; das andauernde Hupen der Busse und die Abgase benebeln die Sinne. Wer aus dem Dschungel kommt, für den ist die Stadtwelt zunächst unerträglich. Wir sind in der heiligen Stadt Trichy, wo Shanti zu Hause ist.

Endlich erreichen wir den Jambukeshwara-Tempel, der Shiva geweiht ist. Ich verliere mich fast zwischen den mobilen Verkaufsständen im Gedränge der Pilger und Bettler. Über dem mächtigen Sockel mit dem Eingangstor ragt der mit hunderten von Götterbildern verzierte Turm in den blauen Himmel. Die ganze Vielfalt der indischen Götterwelt – so wunderschön bunt bemalt!

Ich ziehe die Schuhe aus und gehe barfuß über den ausgetretenen Steinboden durch das Eingangstor. Angenehm kühl fühlt er sich an. Der Stadtlärm klingt nur noch von weit her. Die Luft ist mit einem leichten Duft von Räucherstäbchen erfüllt. Aus Lautsprechern dringt leiser Gesang, das sich immer wiederholende Mantra »Om Namah Shivaya«.

Arjun begrüßt uns mit Blumen. Wir gehen durch einen großen Hof vorbei an Enten, Gänsen und zwei Hunden – eine fast ländliche Atmosphäre. Links steht das Wohnhaus mit einem Dach aus Wellblech und Palmblättern, so hoch wie eine Scheune. Und mittendrin steht ein riesiger grauer Koloss – »meine« Shanti. Gleich neben dem Wohnzimmer der Familie hat sie ihr »Elefantenzimmer«. Zur Begrüßung umarme ich Shantis Rüssel: »Ich hab's dir doch versprochen. Ich komme dich besuchen.« Ihre Augen werden groß und aufmerksam. Wer das erlebt hat, weiß, dass man einem Elefanten die Freude ansehen kann. Ich klettere auf die Mauer, die den Wohnbereich von ihrem trennt. Hier werde ich in den nächsten Wochen am liebsten sitzen.

pure

Das Leben im Tempel

Es ist halb acht Uhr morgens, Duschzeit für Shanti. Hier im Tempel wird sie mit einem Wasserschlauch abgespritzt, oder sie saugt ihren Rüssel aus einer großen, mit Wasser gefüllten Aluminiumschale voll, um sich selbst abzuduschen. Noch muss Shanti ohne Badewanne auskommen. Erst im nächsten Jahr soll für sie ein Bassin gebaut werden, denn gerade im Sommer, wenn die Temperaturen bis 40 Grad Celsius steigen, braucht Shanti ein Bad, um sich abzukühlen.

Bis dahin müssen wir uns mit dem Wasserschlauch begnügen. Spaß haben wir trotzdem. Schon vor der Elefantendusche bin ich klatschnass gespritzt. Shanti liebt es, wenn ich ihr den Schlauch direkt ins weit aufgerissene Maul halte. Anschließend steigt sie mit ihrem massigen Körper die alte Steintreppe des tiefer gelegenen Duschplatzes hinauf. Ich wundere mich, wie sicher sie die sieben Stufen nimmt – als hätte sie ihr ganzes Leben in einer Etagenwohnung verbracht.

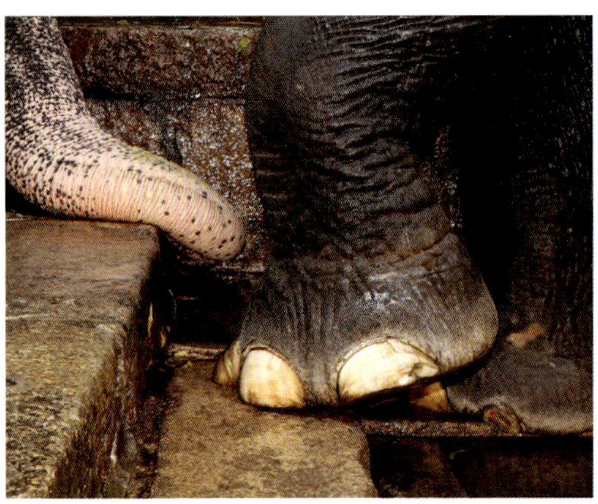

Zeit fürs Frühstück. Vasanda, die Mutter von Jambu und Arjun, serviert – natürlich – *idlis.* Wir sitzen nicht am Tisch, sondern im Schneidersitz auf dem Boden. Shanti schaut mit großen Augen zu uns herüber, wie immer, wenn es etwas zu essen gibt. Sie kaut an einem Grasbündel, von dem sie immer nur das zarte Grün verspeist und sich den Rest auf den Kopf streut. Bald genügt ihr das nicht mehr. Sie rasselt mit der Fußkette – ein Zeichen, dass sie Hunger hat.

Shantis Futterplatz befindet sich im Innenhof des Tempels. Morgens und abends darf ich sie zu den Mahlzeiten dorthin führen. Noch kennt Shanti den Weg viel besser als ich. Wir passieren Tore, die viel höher sind als der Elefant, und bewegen uns in halbdunklem Licht durch die heiligen Hallen.

Auf unserem Weg machen die Gläubigen ehrfürchtig Platz für den Elefanten, den sie als Gott verehren. Es gibt viele Geschichten über Ganesha. Besonders schön finde ich die seines Reittiers, der Ratte. Sie

gilt als Symbol für die Kraft, die selbst in kleinen Lebewesen steckt, und deren Fähigkeit, sogar einen Elefanten tragen zu können.

Die mächtige Steinschale, in der das Futter zubereitet wird, ist so groß, dass ich mich hineinkuscheln könnte. Shanti schnuppert neugierig und bemerkt, dass das Essen noch zu heiß ist. Um sich die Wartezeit zu verkürzen, wendet sie sich ab und geht zu einer nahen Steintreppe. Elegant hebt sie ihren schweren Körper über das verschnörkelte Geländer und reibt den Bauch und die linke Seite an den Steinen. Ah, das tut gut!

Von heute an füttere ich Shanti. Erst vermansche ich Reis und Getreide mit Salz und Vitaminen. Dann forme ich mit der Hilfe Arjuns die Reisbälle. Arjun ist erstaunt, dass ich gleich so gute Bälle formen kann. »Schneeball-Erfahrung!«, erkläre ich.

Immer wenn ein Reisball fertig ist, hebt Shanti ihren schweren Rüssel erhaben über meinen Kopf. Weil ich erhöht stehe, kann ich direkt in ihr großes Maul schauen und ihr den Reisball tief in den Schlund schieben. Dabei berühre ich ihre riesige Zunge, die ganz feucht und weich ist.

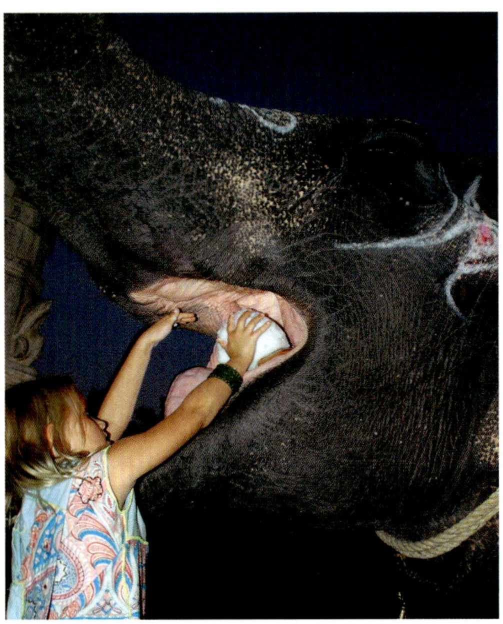

Shantis Arbeit

Hier im Tempel hat Shanti keinen Urlaub mehr. Ihre Arbeit beginnt nach dem Frühstück. Arjun hat mir erklärt, dass Shanti als Verkörperung des Gottes Ganesha den Gläubigen ihren Segen erteilt. Die Pilger legen ihr Kokosnüsse, Bananen, Zuckerrohr, süßen Reis oder Geld in den Rüssel und neigen ihr Haupt, um den Segen zu empfangen. Sie bringen dem Elefanten große Ehrerbietung entgegen. Stets halten sie ihre Blicke gesenkt; Mund und Nase bedecken sie mit der rechten Hand, um den Gott nicht mit ihrem Atem zu belästigen. Routiniert tippt Shanti den Pilgern mit der Rüsselspitze Segen spendend auf den Kopf.

Teepause – der Tempeldiener bringt klebrig-süßen *chai.* Den letzten Schluck bekommt immer Shanti, die dann rülpst, was sich bei Elefanten wie ein lautes Hauchen anhört. Na ja, kein Wunder bei all den verschiedenen Opfergaben, die du gefressen hast, denke ich.

So gegen eins ist Mittagspause; wir haben zwar keine Uhr, aber Shanti weiß das ganz genau. Dann drückt sie sich immer näher an Arjun heran und nimmt mit dem Rüssel seinen Arm, als wollte sie sagen: »Lass uns gehen, Arjun.« Shanti wendet sich dem Ausgang zu und öffnet mit dem Rüssel die riesigen, schon halb geschlossenen Holztüren. Nun aber schnell nach Hause!

Die Goldmaske

Erst denkt man, die schöne Zeit geht nie zu Ende, und dann ist es plötzlich so weit: Der letzte Tag ist angebrochen. Shanti hat sich extra für mich freigenommen. Zur Feier des Tages wird sogar ihre Goldmaske angelegt, die sie sonst nur bei Prozessionen trägt. Und dann darf ich auf ihr durch den Tempel reiten. Shanti sieht toll aus, und auch ich habe mich für diesen Moment schön angezogen.

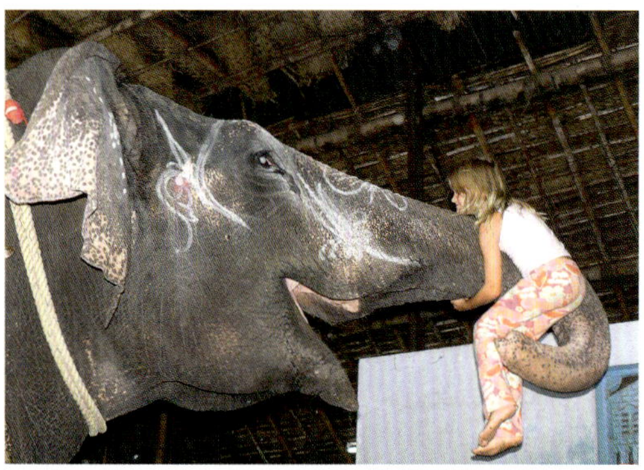

Als wir wieder im Stall sind, umarme ich ihren Rüssel ganz fest. »Danke für diese schöne Zeit«, flüstere ich, und plötzlich fliege ich hoch durch die Luft. Huch, das ist ja wie im Karussell. Shanti hat aus ihrem Rüssel eine Schaukel geformt und mich damit nach oben geschleudert. Und dann fliege ich auch schon ein zweites und ein drittes Mal. Erst denke ich noch, Shanti hat sich mit mir einen Streich erlaubt, doch dann sehe ich an Jambus Lachen, dass er sich dieses Kunststück ausgedacht hat. Später nimmt mich Arjun an die Hand und sagt: »Pooja, heute machen wir mit dir eine echte Pooja.«

Wir gehen in den Tempelabschnitt, der Shivas Frau Parvati geweiht ist. Ich trage ein silbernes Tablett, auf dem Kokosnuss-Stückchen, Bananen und Blumen liegen, und übergebe dem Priester die Opfergaben. Er beginnt mit dem Ritual und spricht für mich die Gebete. Tief in mir spüre ich, dass wir alle Teil eines göttlichen Ganzen sind. Ich denke an die vielen Elefanten, die ich kennen gelernt habe, und empfinde Mitgefühl mit diesen wunderbaren Geschöpfen. Dankbarkeit erfüllt mich für dieses Geschenk, das ich in den letzten Wochen erhalten habe. Und ich spüre die Verantwortung, etwas zu tun, weil Nehmen auch immer Geben bedeutet.

Für Shanti wäre ein Leben allein in der Wildnis undenkbar. Dafür hat sie viel zu lange als Haustier und Tempelelefant gelebt. Aber es gibt einiges, was wir tun können, um ihr Leben und das der anderen Tempelelefanten zu verbessern.

Ein Waisenhaus für Elefanten

Das Pinnawala Elephant Orphanage ist ein Waisenhaus für Elefanten auf Sri Lanka. Hier leben 75 Elefanten halbwild in einer Herde; sie sollen möglichst wenig Kontakt mit Menschen haben.

Zweimal am Tag verlässt die Herde das Gelände des Waisenhauses, um im Fluss Maha Oya zu baden – viele kleine und heranwachsende Elefanten, aber auch erwachsene Bullen und Kühe, die inzwischen selbst wieder Nachwuchs bekommen haben. Zum ersten Mal kann ich über längere Zeit eine so große Herde beobachten, wie sie in der Wildnis selten vorkommt und in Gefangenschaft einmalig ist.

Einige Töne kenne ich schon aus dem Mudumalai-Nationalpark und vor allem von Shanti. Aber hier sind noch ganz andere Geräusche zu hören: das laute Trompeten, das die Herde zusammenführen soll, dieses hohle »Motorengeräusch« und das warnende Schnauben mit nach oben gewendeter Rüsselspitze. Und all das Brüllen, Brummen, Grunzen, Quietschen, Trompeten und Schnaufen als Warnungen, Begrüßungen oder als Ausdruck von Kummer und Freude. Eine solche Vielfalt habe ich nie zuvor gehört. Jetzt wird mir klar, dass die Elefanten, die ich bisher kennen gelernt habe, vereinsamte Wesen sind.

Unten am Fluss ist es heiß. Erleichtert klettere ich unter einen schattigen Felsen. Erst als ich mich hinhocken will, bemerke ich, dass da bereits jemand sitzt. Es ist Sumana Banda, seit 25 Jahren Chef-Mahout in Pinnawala. Er fragt mich, wie alt ich bin, und lächelt: »Mit sechs Jahren habe ich auch angefangen, mich mit Elefanten zu beschäftigen. Mein Vater hat mir alles beigebracht. Er und mein Großvater waren auch schon Mahouts.«

Während der nächsten Wochen werde ich oft mit ihm hier sitzen. Ihm gefällt, dass ich gar keine Angst vor den grauen Riesen habe, und er kann alle meine Fragen beantworten, denn er kennt jeden Elefanten ganz genau.

Ein Schlammbad am Morgen

Die Elefanten stehen gelassen im knietiefen Wasser. Die Sonne brennt. Zur Kühlung wedeln sie mit den Ohren. Babyelefanten bleiben nahe bei ihren Müttern oder Adoptivmüttern.

Ein Teil der Herde durchquert den Fluss zum gegenüberliegenden Ufer. Dort reiben sich die grauen Riesen an den Steilhängen in gelbbrauner Erde. Behaglich wälzen sie sich durch den Schlamm, der heute besonders üppig ist, denn in den letzten Nächten hat es geregnet. Mit Hingabe reiben sie ihre Köpfe an der Böschung. Die Halbstarken rangeln durch den Matsch; mit tonnenschwerem Gewicht schieben und schubsen sie ihre etwa gleich großen Gegner. Andere liegen halb sitzend im herrlichen Dreck und versuchen mit dem Rüssel ihre Kameraden zu sich hinunterzuziehen. Über und über mit Schlamm bedeckt, kehren die Schmutzfinken zur Herde zurück.

Die »Sauberen« stibitzen ihren Brüdern und Schwestern mit dem Rüssel den Dreck vom Rücken, um ihn dann schwungvoll und genüsslich auf den eigenen zu werfen oder sich eine Kostprobe ins Maul zu stecken. Das Schlammen gehört bei Elefanten zur Hautpflege; der Dreck schützt sie vor Insekten, vor der Sonnenstrahlung und vor Feuchtigkeitsverlust.

Die Anführerin und ihr Baby

Sumana Banda und ich sitzen unter unserem Felsen und knabbern Erdnüsse. Es dauert nicht lange, da schnuppern auch schon die ersten Rüssel bei uns vorbei. Verfressen sind sie irgendwie alle, diese Elefanten! Und obwohl ich weiß, dass ich sie nicht füttern darf, fällt mir – oh, Verzeihung – hin und wieder eine Nuss aus der Hand, und ich staune, dass die Elefanten mit ihrem Tastfinger am Ende des Rüssels sogar eine kleine Erdnuss aus ihrer Schale packen können.

Die halbwilden Riesen kommen immer näher. Oh, wie süß ist doch das kleinste Baby. Die vier Monate alte Mahadevi badet im Schatten ihrer Mutter Mathali. Das Kleine wirkt noch so zerbrechlich, eher wie eine Riesenmaus mit putzigen Ohren, die im Sonnenlicht fast durchsichtig erscheinen.

Mathali ist die Anführerin der Herde. Elefanten werden meist von der ältesten und erfahrensten Kuh angeführt, nie von einem Bullen.

Hoppla, wieder fällt mir eine Nuss herunter. Mama Mathali ist ebenfalls dem Geruch der gerösteten Erdnüsse gefolgt. Sie steht jetzt ganz nah am Felsen, unter dem Sumana und ich sitzen. Ihr Rüssel schnuppert genau vor meinem Gesicht. Und weitere Nasen gesellen sich stöbernd dazu. Ich komme mir vor wie in einem Schlangennest und verteile den ganz Aufdringlichen mit der flachen Hand ein paar kräftige Nasenstüber.

»Sei vorsichtig«, warnt mich Sumana Banda. »Mütter mit Nachwuchs sind die gefährlichsten Elefanten. Und siehst du die Ketten um Mathalis Hals? Die sind zu unserer Sicherheit da. Mathali hat vor einigen Jahren schon einen Mahout getötet. Du zeigst wenig Zurückhaltung im Umgang mit Elefanten. Diese hier werden jedoch so wild wie möglich gehalten. Es sind keine gezähmten Elefanten. Vergiss das nie!«

Pandu, der Waisenjunge

Als das Waisenhaus vor über 30 Jahren gegründet wurde, gab es hier sieben Findelkinder. Über 40 Elefanten sind seitdem aus dem Dschungel gerettet und weitere 35 in Pinnawala geboren worden. Auf der Säuglingsstation wird viermal am Tag den vier kleinsten, elternlosen Elefantenkindern die Flasche gegeben. Schon von weitem höre ich ihr hungriges Brüllen, tief und ungeduldig. Drei der kleinen Waisen – Maya (6), Mali (5) und Tikiri (4) – sind schon so groß, dass die Mahouts sich mit erhobenem Arm nach oben recken müssen, um ihnen die Flasche zu geben.

Nur der einjährige Pandu sieht noch aus wie ein richtiges Elefantenbaby – sooo knuffig und süß! Sein Körper ist über und über mit stacheligen, dunkelbraunen Haaren bedeckt. Doch Vorsicht! Man darf ihn nicht unterschätzen! Er ist schon ein kräftiger kleiner Jumbo, der leicht einen Menschen über den Haufen rennen kann. Pandu war erst vier Wochen alt, als er nach Pinnawala gebracht wurde. Wildhüter haben ihn verletzt im Dschungel gefunden, wo er weinend umhergeirrt ist. Von der Mutter fehlte jede Spur. Ein Raubtier, vermutlich ein Krokodil, hatte ihm das linke Ohr abgebissen.

Meist werden Elefantenkinder zu Waisen, weil ihre Mütter von Menschen getötet worden sind. Durch die steigende Bevölkerungszahl gibt es immer weniger Platz für die Tiere. Auf der Suche nach Nahrung nähern sie sich immer wieder den Dörfern und werden von Bauern erschossen oder vergiftet. Die Babys ziehen nicht mit der Herde weiter, sondern bleiben immer bei ihren toten Müttern. Wenn sie Glück haben, werden die hilflosen Geschöpfe von Wildhütern gefunden.

Ein Elefant im Zuckerrohrfeld ist genauso verloren wie ein Kind im Bonbonladen und zerstört in einer Nacht ein ganzes Feld. Wer könnte das nicht besser verstehen als wir Kinder?

Raja, der blinde Riese

An diesem Morgen entdecke ich einen Riesen mit gigantischen Stoßzähnen, der angekettet in der Morgensonne steht. Einen solchen Koloss habe ich noch nie gesehen. Eigentlich erinnert er eher an ein Mammut. Aber was ist mit seinen Augen? Das sind ja Augen ohne Augen, nur flache Löcher. Der Arme ist ja blind! Ich schnalze mit der Zunge, als ich an ihn herantrete, damit er weiß, dass jemand kommt, und berühre seinen linken Stoßzahn. Der Elefant ist ganz ruhig. Ich höre nur sein lautes Schnauben – ein Geräusch wie von einem Urzeittier.

Rajas Geschichte ist mir von allen Elefantenschicksalen in Pinnawala am meisten ans Herz gegangen. Seine über einen Meter langen Stoßzähne sind ihm zum Verhängnis geworden. Wilderer haben versucht, ihn zu erschießen. Unzählige Kugeln haben diesen majes-

tätischen – heute etwa 60 Jahre alten – Elefanten getroffen. Dabei sind ihm sein Schwanz abgetrennt und beide Augen ausgeschossen worden. Der blinde Raja ist immer tiefer in den Dschungel geflüchtet. Dort ist er hilflos umhergeirrt, bis ihn Wildhüter schließlich gefunden haben.

Damit Raja nicht so allein ist und sich besser zurechtfindet, ist ihm Kandule, ein ehemaliger Militärelefant, zur Seite gestellt worden. Es ist rührend zu sehen, wie der jüngere auf den älteren wartet, wenn dieser nicht schnell genug folgen kann. Kandule und Raja gelten übrigens als die gefährlichsten Elefanten in Pinnawala und baden daher an einer anderen Stelle flussaufwärts. Ich werde Raja jetzt öfter besuchen – auch beim Baden. Seine Fußabdrücke, die ich heute Nachmittag am Flussufer gefunden habe, sind die größten, die ich je gesehen habe – so groß, dass ich darin gemütlich sitzen kann. Ich habe ihn gewaschen und bin sogar um ihn herumgeschwommen. Pssst! Nicht weitersagen, denn das ist natürlich nicht erlaubt.

Die zärtlichsten Tiere der Welt

Was mich am meisten beeindruckt, sind nicht die Zweikämpfe der jungen Bullen, das Rangeln der Babys oder das Wälzen im Schlamm. Am meisten fasziniert mich, wie liebevoll diese Tiere miteinander umgehen. Unaufhörlich und zärtlich ertasten sie ihre Gefährten. Dabei streichen Rüssel sanft über Köpfe, zupfen an Ohren oder liebkosen Rücken. Manchmal stehen sie zu zweit, zu dritt oder zu viert zusammen. Und obwohl ich kein »Gespräch« hören kann, erinnert mich manche Situation an ein Kaffeekränzchen.

Mir geht das Herz auf, als sich Elefanten aus der Herde um die behinderte Sama kümmern. Sama ist im Alter von zwei Jahren Opfer kriegerischer Auseinandersetzungen geworden. Eine Landmine hat ihr das rechte Vorderbein zerfetzt. Soldaten haben das schreiende Baby im Dschungel gehört und ins Waisenhaus gebracht. Sama hat sich mit der Zeit eine eigene Fortbewegungstechnik beigebracht. Mit ihren drei Beinen humpelt sie schräg nach vorn, um voranzukommen. Sie ist ein sehr schüchterner und schreckhafter Elefant. Vor Menschen hat sie besondere Angst.

Als ein Gefährte sich Sama nähert und ihr liebevoll mit dem Rüssel über ihren krummen Rücken streicht, zuckt sie zusammen. Offensichtlich ist ihr diese Berührung unangenehm, oder sie hat sogar Schmerzen. Ihr Begleiter zieht den Rüssel sofort zurück und streicht ihr stattdessen über den Kopf.

Ich bin fest davon überzeugt, dass die Elefanten von den Gefühlen ihrer Gefährten wissen. Sie spüren, dass Sama sich manchmal einsam fühlt, weil sie anders ist als die anderen. Wenn die Mahouts die dreibeinige Elefantenkuh im Fluss zu der Herde an eine tiefere Wasserstelle treiben wollen, quietscht und faucht sie ganz ängstlich. Umso stolzer bin ich, dass ich es geschafft habe, ihr Zutrauen zu gewinnen, und Sama streicheln darf.

Eine Familie geht schwimmen

Heute ist ein besonders heißer Tag. Die Felsen sind von der Sonne so aufgeheizt, dass ich mir die Finger daran verbrenne. Meine Freunde baden wegen der großen Hitze ganz ausgelassen. Teile der Herde tummeln sich abwechselnd im tiefen Wasser. Einige sind so nahe beisammen, dass man aus dem Knäuel von Leibern, Rüsseln und Beinen die einzelnen Elefanten nicht mehr erkennen kann. Dabei wälzen sie sich gegen- und aufeinander. Dickfellig schieben sie den Nachbarn zur Seite und ergreifen sogar frech den Schwanz des anderen, was ein empörtes Trompeten hervorruft. Wenn die kleinen Babys zwischen ihren riesigen Verwandten plötzlich unter Wasser tauchen, wird mir zunächst ganz bange, bis sie an einer anderen Stelle wieder zum Vorschein kommen. Wäre ich zwischen ihnen, würden sie mich vor Übermut unweigerlich zerquetschen.

Hurra, es regnet!

Und dann erlebe ich einen Wetterumschwung, wie er nur in den Tropen möglich ist. Unerwartet türmen sich plötzlich riesige Wolkenberge auf, grau wie Elefantenhaut. Ein Unwetter zieht auf – Weltuntergangsstimmung. In wenigen Minuten wird die brütende Hitze von wirbelnden Winden vertrieben. Wenn ich in Deutschland bin, bekomme ich vom ewigen Regen eher schlechte Laune, doch hier ist er ein Geschenk des Himmels. Jubelnd laufe ich in den Regen und genieße die Feuchtigkeit auf meinem erhitzten Körper. Bald regnet es immer stärker. Ich reiße ganz weit den Mund auf und lasse die riesigen Tropfen direkt hineinfallen. Herrlich! Eine echte Naturdusche – auch für meine Freunde, die Elefanten.

Ich glaube, die meisten Tiere fühlen sich wohl im Waisenhaus, und sie führen ein relativ artgerechtes Leben. Natürlich ist es keine Freiheit, wie Subbu und ich sie verstehen. Auch diese Elefanten haben den Stock und auch den *ankus* kennen gelernt, aber ich habe nur selten gesehen, dass sie Hiebe bekommen. Das halbwilde Leben ist viel besser als das der gefangenen Elefanten.

Zum Abschied stelle ich Sumana Banda noch eine Frage, die mir die ganze Zeit auf der Seele liegt: »Würdest du auch einen 49 Jahre alten Tempelelefanten aufnehmen, der nie wild gelebt hat?«

»Nein«, antwortet Sumana, »dieser Platz hier ist nur für Tiere, die aus der Wildnis kommen. Dies ist kein Seniorensitz für alte Elefanten. Aber grundsätzlich wäre es kein Problem, einen Tempelelefanten in eine Herde wie die unsere einzugliedern. Mit Geduld, ein bisschen Training und dem nötigen Einfühlungsvermögen würde das schon funktionieren.«

Ein Altenheim für meine Elefantenfreundin – mit so viel Freiheit wie hier in Pinnawala –, das ist mein Traum, für Shanti und alle anderen gefangenen Elefanten.

Epilog

Unsere Reise nähert sich dem Ende. Fast drei Monate bin ich ohne meine Kinder-Freunde ausgekommen. Ja, ich habe sie kein bisschen vermisst. Meine Elefanten-Freunde, allen voran Shanti, waren mir genug. Doch nun spüre ich, dass ich wieder mit meinen besten Spielkameraden, Paris und Tamara, durch die Wellen toben möchte. Ich will zurück nach Hause – nach Hause in unser Dorf in Indien, in dem ich fast die Hälfte meines Lebens verbracht habe.

Wenn man den Elefanten so nahe gekommen ist, dann erwächst daraus eine enge Beziehung. Die Tiere werden zu wirklichen Freunden, mit denen ich nicht nur Freude, sondern auch Leid geteilt habe. Unsere Fotos zeigen, wie viel Schönes ich erleben durfte. Dennoch empfinde ich Mitgefühl mit den Tieren, die vieles erdulden müssen. Meine Eltern haben mir erklärt, dass echtes Mitgefühl immer auch tatkräftige Handlungen zur Folge hat. Es nützt nichts, nur traurig zu sein. Und deshalb hoffe ich, dass euch dieses Buch die Elefanten näher gebracht hat. Nahe genug, um als ihr Freund zu handeln.

Elefanten haben Launen wie wir;
sie empfinden Mitleid und Kummer,
sie lernen von der älteren Generation.

Sie können an gebrochenen Herzen sterben,
sie kommunizieren über weite Strecken miteinander,
sie lieben ihre Kinder und auch ihre Verwandten.

Sie nehmen Rücksicht aufeinander,
sie pflegen Freundschaften,
sie trauern um Verstorbene,
sie leiden an Einsamkeit
und
sie können weinen.

Nachwort von Poojas Eltern

Unserer Erfahrung nach ist es vor allem Unwissenheit, die unsensibel macht. Deshalb war es unser Anliegen, Poojas Erlebnisse durch wissenswerte Informationen zu ergänzen. Es ist unser innigster Wunsch, dass sich die Lebensbedingungen der Elefanten in Asien ändern.

Als Pooja begann, sich für diese Tiere zu interessieren, geschah dies aus ihrem eigenen Antrieb. So schlitterten wir in ein Thema, das uns am Ende nicht mehr losließ und uns bis in die Träume begleitete.

Zu Beginn waren wir sehr naiv. Wie viele Menschen waren wir zunächst nur beeindruckt von der Erscheinung der Elefanten. Unser Freund Subbu hat uns dann die ersten Einblicke in das Leben dieser Tiere gewährt. Und wir drei haben stetig dazugelernt. So sind die Eindrücke unserer sechsjährigen Tochter durch unsere komplettiert worden. Dennoch ist es Poojas Geschichte – eine wahre Geschichte aus dem Dschungel Indiens, die nur wenige dramaturgische Änderungen beinhaltet.

Dieses Buch streift nur die Qualen, durch die gezähmte Elefanten gehen. Shanti ist nicht – und das sei hier ausdrücklich erwähnt – exemplarisch für das Leben der Elefanten in Gefangenschaft. Ohne die Freundschaft zwischen ihr und Pooja und ohne die lieben Menschen, die sie betreuen, hätte dieses Buch nie entstehen können.

Poojas Traum »Ein Altenheim für Elefanten« ist real, wenn auch noch nicht Realität. Tierhilfsorganisationen arbeiten zusammen mit der indischen Regierung an der Umsetzung dieses Projekts. Wir, Poojas Eltern, haben den Verein »Pooja Elefantenhilfe e.V.« gegründet, mit dessen Hilfe dieser Traum Wirklichkeit werden soll. Über Spendengelder wollen wir dazu beitragen, dass sich die Situation misshandelter Elefanten entscheidend ändert (www.pooja-elefantenhilfe.de). Die Elefantenherde auf Sri Lanka ist ein Beispiel für einen solchen Ort, der auch in Indien Wirklichkeit werden kann.

Danksagung

Unser Dank gilt allen Elefanten, deren Nähe wir spüren durften – gefangene und wilde. Unser Dank gilt auch Pooja, die mit so viel Enthusiasmus und Herz »alles« über Elefanten wissen wollte und dafür von ihnen reich beschenkt wurde. Und wir danken ihr, dass sie sich trotz all der spannenden Erlebnisse zu Schulaufgaben – oft zu Shantis Füßen – hat aufraffen können.

Außerdem fühlen wir uns unseren Freunden Subbu, Jambu und Arjun verbunden. Wir bewundern ihr Einfühlungsvermögen, mit dem sie unsere Tochter durch ihre Abenteuer begleitet haben. Und wir sind dankbar, dass sie auf unser »Bienchen« so gut aufgepasst haben.

Wir danken Nigel Otter und seiner Frau Ilona Airikkala sowie Suparna Baksi Ganguly, Vizepräsidentin der indischen Tierhilfsorganisation CUPA (Compassion Unlimited Plus Action) für ihr Vertrauen und die grundlegenden Einsichten über die Situation der in Gefangenschaft lebenden Elefanten in Indien.

Wir bedanken uns auch bei unseren Freunden Gunnar, Claudia und Stephan, die während unserer Abwesenheit auf ihr »Paradies« verzichteten und sich mit großer Fürsorge um unsere alten Hunde – einschließlich ihrer streunenden Freunde – kümmerten. Das ist, wie sie erfahren haben, kein leichter Job.

Wir danken Poojas Lehrerinnen und Lehrern, dass sie so engagiert Poojas Lücken, die durch ihre Abwesenheit entstanden sind, ausgeglichen haben. Und wir freuen uns mit der Klasse 1c, die Pooja in Deutschland so herzlich begrüßt hat.

Zuletzt seien Professor Dr. Harald Schliemann und Professor Dr. Thomas Kaiser, die Säugetierexperten des Zoologischen Instituts der Universität Hamburg, erwähnt, die unsere Geschichte auf die Richtigkeit der zoologischen Aspekte geprüft haben.

Möge diese Arbeit
zum Wohle aller fühlenden Wesen sein

Jessica Marske
und
Carsten Fricke

Besuchen Sie uns im Internet:
www.droemer.de

Die Einschweißfolie ist biologisch abbaubar.
Dieses Buch wurde auf chlor- und säurefreiem Papier gedruckt.

Umschlaggestaltung: ZERO Werbeagentur, München
Umschlagfotos: Jessica Marske, Carsten Fricke
Gestaltung und Herstellung: Sandra Hacke
Satz: Adobe InDesign im Verlag
Gesamtherstellung: Peschke Druck GmbH/
Tausend Verlagsservice, München
ISBN-13: 978-3-426-27406-4
ISBN-10: 3-426-27406-X

2 4 5 3